# 50 Exotic Lunch Recipes

By: Kelly Johnson

# Table of Contents

- Thai Green Curry with Chicken
- Moroccan Tagine with Apricots
- Indian Butter Chicken
- Japanese Ramen Noodle Bowl
- Lebanese Falafel Wraps
- Brazilian Feijoada
- Vietnamese Pho
- Korean Bibimbap
- Cuban Black Bean Soup
- Jamaican Jerk Chicken
- Greek Moussaka
- Ethiopian Doro Wat
- Indonesian Nasi Goreng
- Spanish Paella
- Persian Kebabs with Saffron Rice
- Malaysian Laksa
- Filipino Adobo
- Hungarian Goulash
- Russian Borscht
- Sri Lankan Kottu Roti
- Turkish Gözleme
- South African Bunny Chow
- Italian Osso Buco
- Peruvian Ceviche
- Indian Chana Masala
- Dutch Stroopwafels
- Swedish Meatballs with Lingonberry Sauce
- Tunisian Brik
- German Currywurst
- Czech Svíčková
- Pakistani Nihari
- Filipino Lumpia
- Israeli Shakshuka
- Vietnamese Banh Mi
- Chinese Mapo Tofu

- Caribbean Callaloo
- Scottish Haggis
- Brazilian Coxinha
- Taiwanese Beef Noodle Soup
- Indian Samosas with Chutney
- Russian Blini with Caviar
- Algerian Couscous
- Maltese Pastizzi
- Cambodian Amok
- Japanese Okonomiyaki
- Nepalese Momo Dumplings
- Iranian Fesenjan
- Belgian Waffles with Fruit
- Guatemalan Pepián
- Indian Tandoori Chicken

## Thai Green Curry with Chicken

**Ingredients:**

- **1 lb** chicken breast, sliced
- **2 cups** coconut milk
- **3 tbsp** green curry paste
- **1 cup** mixed vegetables (bell peppers, zucchini, peas)
- **2 tbsp** fish sauce
- **1 tbsp** brown sugar
- **Fresh basil for garnish**

**Instructions:**

1. **Cook chicken:** In a pot, add coconut milk and bring to a simmer. Add chicken and cook until no longer pink.
2. **Add curry paste:** Stir in green curry paste, mixed vegetables, fish sauce, and brown sugar.
3. **Simmer:** Cook for 10-15 minutes until vegetables are tender.
4. **Serve:** Garnish with fresh basil and serve with rice.

**Moroccan Tagine with Apricots**

**Ingredients:**

- **1 lb** chicken or lamb, cubed
- **1 onion**, chopped
- **2 cloves** garlic, minced
- **1 cup** apricots, dried
- **2 tsp** ground cumin
- **1 tsp** cinnamon
- **2 cups** chicken broth
- **Fresh cilantro for garnish**

**Instructions:**

1. **Sauté:** In a tagine or large pot, sauté onion and garlic until soft.
2. **Brown meat:** Add meat and brown on all sides.
3. **Add spices and broth:** Stir in cumin, cinnamon, apricots, and chicken broth.
4. **Simmer:** Cover and cook on low for 1-1.5 hours until tender.
5. **Serve:** Garnish with fresh cilantro and serve with couscous.

## Indian Butter Chicken

**Ingredients:**

- **1 lb** chicken, cubed
- **1 cup** yogurt
- **2 tbsp** butter
- **1 onion**, chopped
- **2 cloves** garlic, minced
- **1 tbsp** ginger, minced
- **1 cup** tomato puree
- **1 tsp** garam masala
- **1 cup** cream

**Instructions:**

1. **Marinate chicken:** Combine chicken and yogurt in a bowl. Let it marinate for at least 30 minutes.
2. **Cook chicken:** In a pan, melt butter and sauté onion, garlic, and ginger. Add marinated chicken and cook until browned.
3. **Add sauce:** Stir in tomato puree, garam masala, and cream.
4. **Simmer:** Cook for 15-20 minutes until chicken is cooked through.
5. **Serve:** Serve with naan or rice.

**Japanese Ramen Noodle Bowl**

**Ingredients:**

- **4 cups** chicken broth
- **2 packs** ramen noodles
- **2 soft-boiled eggs**
- **1 cup** sliced mushrooms
- **1 cup** bok choy
- **2 green onions**, chopped
- **Soy sauce to taste**

**Instructions:**

1. **Prepare broth:** In a pot, heat chicken broth and add soy sauce to taste.
2. **Cook noodles:** Add ramen noodles and cook according to package instructions.
3. **Add vegetables:** Stir in mushrooms and bok choy, cooking until tender.
4. **Serve:** Ladle into bowls and top with soft-boiled eggs and green onions.

**Lebanese Falafel Wraps**

**Ingredients:**

- **1 can (15 oz)** chickpeas, drained
- **1 onion**, chopped
- **2 cloves** garlic, minced
- **1 tsp** cumin
- **1 tsp** coriander
- **Salt and pepper to taste**
- **Pita bread**
- **Tahini sauce**
- **Lettuce and tomatoes for topping**

**Instructions:**

1. **Blend ingredients:** In a food processor, blend chickpeas, onion, garlic, spices, salt, and pepper until smooth.
2. **Form falafel:** Shape mixture into balls or patties.
3. **Fry falafel:** Heat oil in a pan and fry falafel until golden brown.
4. **Assemble wraps:** Serve in pita bread with tahini sauce, lettuce, and tomatoes.

## Brazilian Feijoada

**Ingredients:**

- **1 lb** black beans, soaked overnight
- **1 lb** pork (sausage, ribs, etc.)
- **1 onion**, chopped
- **2 cloves** garlic, minced
- **2 bay leaves**
- **Salt and pepper to taste**
- **Rice for serving**

**Instructions:**

1. **Sauté:** In a pot, sauté onion and garlic until soft.
2. **Add beans and meat:** Add soaked beans, pork, bay leaves, and enough water to cover.
3. **Simmer:** Cook on low for 1.5-2 hours until beans are tender and meat is cooked.
4. **Serve:** Serve with rice.

**Vietnamese Pho**

**Ingredients:**

- **6 cups** beef broth
- **1 lb** beef (sirloin or brisket), thinly sliced
- **1 onion**, sliced
- **1 piece** ginger, sliced
- **Rice noodles**
- **Fresh herbs (basil, cilantro)**
- **Bean sprouts**
- **Lime wedges**

**Instructions:**

1. **Prepare broth:** In a pot, combine beef broth, onion, and ginger. Bring to a boil and simmer for 30 minutes.
2. **Cook noodles:** Prepare rice noodles according to package instructions.
3. **Assemble bowls:** In bowls, place noodles, raw beef slices, and pour hot broth over.
4. **Serve:** Top with herbs, bean sprouts, and lime wedges.

## Korean Bibimbap

**Ingredients:**

- **2 cups** cooked rice
- **1 cup** assorted vegetables (carrots, zucchini, spinach, mushrooms)
- **1 egg**
- **2 tbsp** gochujang (Korean chili paste)
- **Sesame oil for drizzling**
- **Sesame seeds for garnish**

**Instructions:**

1. **Sauté vegetables:** In a pan, sauté each vegetable separately until tender.
2. **Fry egg:** In the same pan, fry an egg sunny-side up.
3. **Assemble bowls:** In bowls, layer rice, sautéed vegetables, and the fried egg.
4. **Serve:** Drizzle with gochujang and sesame oil, garnishing with sesame seeds.

**Cuban Black Bean Soup**

**Ingredients:**

- **1 lb** black beans, soaked overnight
- **1 onion**, chopped
- **1 bell pepper**, chopped
- **2 cloves** garlic, minced
- **1 tsp** cumin
- **2 bay leaves**
- **4 cups** vegetable broth
- **Salt and pepper to taste**

**Instructions:**

1. **Sauté:** In a pot, sauté onion, bell pepper, and garlic until soft.
2. **Add beans and spices:** Stir in black beans, cumin, bay leaves, and vegetable broth.
3. **Simmer:** Cook on low for 1.5-2 hours until beans are tender.
4. **Serve:** Remove bay leaves and serve hot.

**Jamaican Jerk Chicken**

**Ingredients:**

- **1 lb** chicken (thighs or breasts)
- **2 tbsp** jerk seasoning
- **2 tbsp** olive oil
- **Juice of 1 lime**
- **Salt and pepper to taste**

**Instructions:**

1. **Marinate chicken:** Rub chicken with jerk seasoning, olive oil, lime juice, salt, and pepper. Let marinate for at least 1 hour.
2. **Grill chicken:** Preheat grill and cook chicken for 6-7 minutes per side until cooked through.
3. **Serve:** Serve with rice and peas or a fresh salad.

**Greek Moussaka**

**Ingredients:**

- **2 eggplants**, sliced
- **1 lb** ground beef or lamb
- **1 onion**, chopped
- **2 cloves** garlic, minced
- **2 cups** béchamel sauce
- **1 cup** grated cheese
- **1 can (14 oz)** diced tomatoes
- **1 tsp** cinnamon
- **Salt and pepper to taste**

**Instructions:**

1. **Prepare eggplants:** Salt eggplant slices and let them sit for 30 minutes. Rinse and pat dry.
2. **Cook meat:** In a pan, sauté onion and garlic, then add meat, tomatoes, cinnamon, salt, and pepper. Cook until browned.
3. **Layer ingredients:** In a baking dish, layer eggplants, meat mixture, and top with béchamel sauce and cheese.
4. **Bake:** Bake at 375°F (190°C) for 30-40 minutes until golden.

**Ethiopian Doro Wat**

**Ingredients:**

- **2 lbs** chicken, cut into pieces
- **2 onions**, finely chopped
- **4 cloves** garlic, minced
- **1 tbsp** ginger, minced
- **2 tbsp** berbere spice mix
- **1 cup** chicken broth
- **2 hard-boiled eggs**
- **Salt to taste**

**Instructions:**

1. **Sauté:** In a pot, sauté onions until caramelized.
2. **Add spices:** Stir in garlic, ginger, and berbere spice, cooking for 2 minutes.
3. **Cook chicken:** Add chicken pieces, broth, and salt. Simmer until chicken is tender.
4. **Add eggs:** Add hard-boiled eggs and simmer for an additional 10 minutes. Serve with injera or rice.

**Indonesian Nasi Goreng**

**Ingredients:**

- **2 cups** cooked rice (preferably day-old)
- **2 eggs**, beaten
- **1 onion**, chopped
- **2 cloves** garlic, minced
- **1 cup** mixed vegetables (carrots, peas, corn)
- **2 tbsp** soy sauce
- **1 tbsp** sambal oelek (optional)
- **Green onions for garnish**

**Instructions:**

1. **Scramble eggs:** In a pan, scramble eggs and set aside.
2. **Sauté:** In the same pan, sauté onion and garlic until fragrant.
3. **Add rice and veggies:** Stir in cooked rice, mixed vegetables, soy sauce, and sambal oelek.
4. **Mix in eggs:** Add scrambled eggs back to the pan, mixing until heated through. Garnish with green onions.

**Spanish Paella**

**Ingredients:**

- **1 cup** arborio rice
- **2 cups** chicken or seafood broth
- **1 lb** mixed seafood (shrimp, mussels, squid)
- **1 bell pepper**, chopped
- **1 onion**, chopped
- **2 cloves** garlic, minced
- **1 tsp** saffron threads
- **1 tsp** paprika
- **Peas for garnish**

**Instructions:**

1. **Sauté:** In a paella pan, sauté onion, garlic, and bell pepper until soft.
2. **Add rice and broth:** Stir in rice, saffron, paprika, and broth. Bring to a simmer.
3. **Add seafood:** Arrange seafood on top, cover, and cook for 15-20 minutes until rice is tender.
4. **Serve:** Garnish with peas and serve warm.

## Persian Kebabs with Saffron Rice

**Ingredients:**

- **1 lb** ground lamb or beef
- **1 onion**, grated
- **1 tsp** cumin
- **Salt and pepper to taste**
- **2 cups** basmati rice
- **1/4 tsp** saffron threads
- **Fresh herbs for garnish**

**Instructions:**

1. **Prepare kebab mixture:** Combine meat, grated onion, cumin, salt, and pepper. Form into skewers.
2. **Grill kebabs:** Grill skewers until cooked through, about 10-12 minutes.
3. **Prepare rice:** Cook basmati rice according to package instructions. Dissolve saffron in hot water and stir into cooked rice.
4. **Serve:** Serve kebabs over saffron rice, garnished with fresh herbs.

**Malaysian Laksa**

**Ingredients:**

- **2 cups** chicken or vegetable broth
- **1 pack** rice noodles
- **1 can** coconut milk
- **1 tbsp** laksa paste
- **1 cup** cooked chicken, shredded
- **Bean sprouts for garnish**
- **Fresh cilantro for garnish**

**Instructions:**

1. **Prepare broth:** In a pot, combine broth, coconut milk, and laksa paste. Bring to a simmer.
2. **Cook noodles:** Cook rice noodles according to package instructions.
3. **Combine:** Add shredded chicken to the broth and cook until heated through.
4. **Serve:** Serve broth over noodles and garnish with bean sprouts and cilantro.

**Filipino Adobo**

**Ingredients:**

- **2 lbs** chicken or pork, cut into pieces
- **1/2 cup** soy sauce
- **1/2 cup** vinegar
- **4 cloves** garlic, minced
- **2 bay leaves**
- **1 tsp** black peppercorns
- **1 cup** water

**Instructions:**

1. **Marinate meat:** Combine meat, soy sauce, vinegar, garlic, bay leaves, and peppercorns in a bowl. Marinate for at least 30 minutes.
2. **Cook meat:** In a pot, add marinated meat and water. Bring to a boil, then reduce heat and simmer for 30-40 minutes until tender.
3. **Serve:** Serve over rice.

**Hungarian Goulash**

**Ingredients:**

- **2 lbs** beef, cut into chunks
- **2 onions**, chopped
- **3 cloves** garlic, minced
- **2 tbsp** paprika
- **1 tsp** caraway seeds
- **4 cups** beef broth
- **2 bell peppers**, chopped
- **2 carrots**, sliced
- **Salt and pepper to taste**

**Instructions:**

1. **Sauté onions:** In a large pot, sauté onions until translucent.
2. **Brown beef:** Add beef and brown on all sides.
3. **Add spices:** Stir in garlic, paprika, and caraway seeds, cooking for 2 minutes.
4. **Add vegetables and broth:** Add bell peppers, carrots, broth, salt, and pepper. Simmer for 1.5-2 hours until beef is tender.

**Russian Borscht**

**Ingredients:**

- **2 beets**, peeled and grated
- **1 onion**, chopped
- **1 carrot**, grated
- **1 potato**, diced
- **4 cups** vegetable broth
- **1 tbsp** vinegar
- **1 tbsp** sugar
- **Salt and pepper to taste**
- **Sour cream for serving**

**Instructions:**

1. **Sauté vegetables:** In a pot, sauté onion and carrot until soft.
2. **Add beets and potatoes:** Stir in beets, potatoes, broth, vinegar, sugar, salt, and pepper.
3. **Cook:** Simmer for about 30 minutes until vegetables are tender.
4. **Serve:** Ladle into bowls and top with sour cream.

## Sri Lankan Kottu Roti

**Ingredients:**

- **4 roti** (flatbreads), chopped
- **2 cups** mixed vegetables (carrots, bell peppers, cabbage)
- **1 onion**, chopped
- **2 cloves** garlic, minced
- **2 tbsp** soy sauce
- **1 tsp** curry powder
- **Salt and pepper to taste**
- **2 eggs (optional)**

**Instructions:**

1. **Sauté onions and garlic:** In a large pan, sauté onions and garlic until fragrant.
2. **Add vegetables:** Add mixed vegetables and cook until tender.
3. **Add roti and seasoning:** Stir in chopped roti, soy sauce, curry powder, salt, and pepper.
4. **Optional eggs:** Push the mixture to one side of the pan, crack in eggs, and scramble until cooked. Mix everything together and serve hot.

## Turkish Gözleme

**Ingredients:**

- **2 cups** all-purpose flour
- **1/2 cup** water
- **1/2 tsp** salt
- **1 cup** spinach, chopped
- **1/2 cup** feta cheese, crumbled
- **1/2 cup** cooked potatoes, mashed (optional)
- **Olive oil for cooking**

**Instructions:**

1. **Make dough:** In a bowl, combine flour, water, and salt. Knead until smooth. Let rest for 30 minutes.
2. **Prepare filling:** In a bowl, mix spinach, feta, and mashed potatoes if using.
3. **Roll out dough:** Divide dough into balls and roll each out into thin circles.
4. **Fill and cook:** Place filling on one half, fold over, and seal. Cook on a skillet with olive oil until golden brown on both sides.

## South African Bunny Chow

**Ingredients:**

- **2 loaves** white bread (unsliced)
- **1 lb** curry (chicken, lamb, or vegetable)
- **1 onion**, chopped
- **2 cloves** garlic, minced
- **1 tsp** curry powder
- **Salt and pepper to taste**

**Instructions:**

1. **Cook curry:** In a pot, sauté onion and garlic until soft. Add curry, curry powder, salt, and pepper. Cook until heated through.
2. **Prepare bread:** Hollow out the loaves of bread, leaving a thick shell.
3. **Fill bread:** Fill each hollowed loaf with the curry mixture.
4. **Serve:** Serve hot, with extra bread pieces for dipping.

## Italian Osso Buco

**Ingredients:**

- **2 lbs** veal shanks
- **1 onion**, chopped
- **2 carrots**, chopped
- **2 celery stalks**, chopped
- **2 cloves** garlic, minced
- **1 cup** white wine
- **2 cups** beef broth
- **1 can (14 oz)** diced tomatoes
- **Salt and pepper to taste**
- **Fresh parsley for garnish**

**Instructions:**

1. **Brown shanks:** In a large pot, brown veal shanks on all sides.
2. **Add vegetables:** Remove shanks and sauté onion, carrots, celery, and garlic until soft.
3. **Deglaze:** Add wine and cook until reduced. Stir in broth, tomatoes, salt, and pepper.
4. **Cook shanks:** Return shanks to the pot and simmer for about 2 hours until tender. Garnish with parsley before serving.

**Peruvian Ceviche**

**Ingredients:**

- **1 lb** fresh white fish (e.g., cod, tilapia), diced
- **1/2 cup** lime juice
- **1/4 cup** red onion, thinly sliced
- **1 chili pepper**, minced
- **Salt to taste**
- **Fresh cilantro for garnish**

**Instructions:**

1. **Marinate fish:** In a bowl, combine fish with lime juice, red onion, chili pepper, and salt. Let marinate for 15-20 minutes until fish is opaque.
2. **Serve:** Garnish with fresh cilantro and serve chilled.

**Indian Chana Masala**

**Ingredients:**

- **2 cans (15 oz each)** chickpeas, drained and rinsed
- **1 onion**, chopped
- **2 tomatoes**, chopped
- **2 cloves** garlic, minced
- **1 tbsp** ginger, grated
- **2 tbsp** chana masala spice mix
- **Salt to taste**
- **Fresh cilantro for garnish**

**Instructions:**

1. **Sauté onions:** In a pot, sauté onions until golden brown.
2. **Add garlic and ginger:** Stir in garlic, ginger, and chana masala, cooking for 1-2 minutes.
3. **Add tomatoes and chickpeas:** Add tomatoes and chickpeas, cooking for about 10 minutes until heated through.
4. **Serve:** Garnish with fresh cilantro and serve with rice or naan.

# Dutch Stroopwafels

**Ingredients:**

- **2 cups** all-purpose flour
- **1/2 cup** unsalted butter, softened
- **1/4 cup** brown sugar
- **1/4 cup** milk
- **1/2 tsp** active dry yeast
- **1/2 tsp** ground cinnamon
- **1 cup** syrup (preferably caramel or treacle)

**Instructions:**

1. **Make dough:** In a bowl, mix flour, butter, brown sugar, milk, yeast, and cinnamon until a dough forms. Let rest for 30 minutes.
2. **Preheat waffle iron:** Preheat a stroopwafel maker or a waffle iron.
3. **Form cookies:** Divide the dough into small balls, flatten them slightly, and place them in the waffle iron. Cook until golden brown, about 2-3 minutes.
4. **Make syrup filling:** While still warm, slice the cookies in half horizontally and spread syrup inside before pressing them back together.

## Swedish Meatballs with Lingonberry Sauce

**Ingredients:**

- **1 lb** ground beef
- **1 lb** ground pork
- **1/2 cup** breadcrumbs
- **1/4 cup** onion, finely chopped
- **1/4 cup** milk
- **1 egg**
- **1 tsp** allspice
- **Salt and pepper to taste**
- **Lingonberry jam for serving**

**Instructions:**

1. **Mix meatballs:** In a large bowl, combine beef, pork, breadcrumbs, onion, milk, egg, allspice, salt, and pepper. Mix well.
2. **Form meatballs:** Shape the mixture into small meatballs.
3. **Cook meatballs:** In a skillet, cook the meatballs in batches until browned on all sides and cooked through.
4. **Serve:** Serve hot with lingonberry sauce.

## Tunisian Brik

**Ingredients:**

- **4** brik dough sheets (or egg roll wrappers)
- **4 eggs**
- **1 cup** cooked potatoes, mashed
- **1/2 cup** tuna, drained
- **1/4 cup** capers (optional)
- **Salt and pepper to taste**
- **Oil for frying**

**Instructions:**

1. **Prepare filling:** In a bowl, mix mashed potatoes, tuna, capers, salt, and pepper.
2. **Fill brik:** Place a sheet of brik dough on a flat surface, add some filling in the center, and crack an egg on top. Fold over to enclose the filling.
3. **Fry:** Heat oil in a frying pan. Fry each brik until golden and crispy on both sides.
4. **Serve:** Serve hot with lemon wedges.

**German Currywurst**

**Ingredients:**

- **4** bratwurst sausages
- **1 cup** ketchup
- **2 tbsp** curry powder
- **1 tsp** paprika
- **Salt and pepper to taste**
- **Bun or fries for serving**

**Instructions:**

1. **Cook sausages:** Grill or pan-fry bratwurst until cooked through and browned.
2. **Make sauce:** In a small saucepan, heat ketchup with curry powder, paprika, salt, and pepper until warm.
3. **Slice sausages:** Slice the sausages into bite-sized pieces.
4. **Serve:** Drizzle the curry sauce over the sausages and serve with buns or fries.

## Czech Svíčková

**Ingredients:**

- **2 lbs** beef roast
- **1 onion**, chopped
- **2 carrots**, sliced
- **2 celery stalks**, sliced
- **2 cups** beef broth
- **1 cup** sour cream
- **1 tbsp** flour
- **2 tbsp** vinegar
- **Salt and pepper to taste**

**Instructions:**

1. **Brown beef:** In a pot, brown the beef roast on all sides.
2. **Add vegetables:** Add onion, carrots, celery, broth, vinegar, salt, and pepper. Simmer for about 2-3 hours until beef is tender.
3. **Make sauce:** Remove beef, blend the vegetables with the broth, and stir in flour and sour cream.
4. **Serve:** Slice the beef and serve with sauce.

## Pakistani Nihari

**Ingredients:**

- **2 lbs** beef shank, cut into pieces
- **2 onions**, thinly sliced
- **4 cloves** garlic, minced
- **1 inch** ginger, minced
- **2 tbsp** nihari spice mix
- **4 cups** water
- **Salt to taste**
- **Garnish:** fresh cilantro, green chilies, and lemon wedges

**Instructions:**

1. **Sauté onions:** In a large pot, sauté onions until golden brown.
2. **Add meat:** Add beef, garlic, ginger, nihari spice mix, salt, and water. Bring to a boil.
3. **Cook:** Simmer on low heat for 3-4 hours until meat is tender.
4. **Serve:** Garnish with cilantro, green chilies, and lemon wedges.

**Filipino Lumpia**

**Ingredients:**

- **1 lb** ground pork or chicken
- **1 cup** carrots, grated
- **1 cup** cabbage, finely chopped
- **2 cloves** garlic, minced
- **1 onion**, chopped
- **1 package** lumpia wrappers
- **Oil for frying**
- **Soy sauce for dipping**

**Instructions:**

1. **Prepare filling:** In a bowl, mix ground meat, carrots, cabbage, garlic, onion, and salt.
2. **Fill wrappers:** Place a spoonful of filling on a lumpia wrapper, fold the sides, and roll tightly.
3. **Fry:** Heat oil in a pan and fry lumpia until golden brown.
4. **Serve:** Serve hot with soy sauce for dipping.

**Israeli Shakshuka**

**Ingredients:**

- **1 tbsp** olive oil
- **1 onion**, chopped
- **2 cloves** garlic, minced
- **1 bell pepper**, chopped
- **1 can (28 oz)** crushed tomatoes
- **4 eggs**
- **1 tsp** cumin
- **Salt and pepper to taste**
- **Fresh parsley for garnish**

**Instructions:**

1. **Sauté vegetables:** In a skillet, heat olive oil and sauté onion, garlic, and bell pepper until soft.
2. **Add tomatoes and spices:** Stir in crushed tomatoes, cumin, salt, and pepper. Simmer for 10 minutes.
3. **Add eggs:** Make small wells in the sauce and crack an egg into each. Cover and cook until eggs are set.
4. **Serve:** Garnish with fresh parsley and serve with bread.

**Vietnamese Banh Mi**

**Ingredients:**

- **1 baguette**
- **1/2 cup** pickled carrots and daikon
- **1/2 cucumber**, sliced
- **1 jalapeño**, sliced
- **1/4 cup** fresh cilantro
- **1/2 lb** cooked pork or tofu, sliced
- **Mayonnaise**
- **Soy sauce**

**Instructions:**

1. **Prepare baguette:** Slice the baguette lengthwise, leaving one side attached.
2. **Spread mayonnaise:** Spread a generous amount of mayonnaise on the inside of the baguette.
3. **Layer fillings:** Layer the sliced pork or tofu, pickled vegetables, cucumber, jalapeño, and cilantro inside the baguette.
4. **Drizzle soy sauce:** Drizzle a little soy sauce on top. Close the baguette and serve immediately.

# Chinese Mapo Tofu

**Ingredients:**

- **14 oz** firm tofu, cubed
- **1/2 lb** ground pork or beef
- **2 tbsp** vegetable oil
- **2 cloves** garlic, minced
- **1 tbsp** ginger, minced
- **2 tbsp** doubanjiang (spicy bean paste)
- **1 tbsp** soy sauce
- **1 tsp** Sichuan peppercorns, crushed
- **1/2 cup** chicken or vegetable broth
- **Green onions for garnish**

**Instructions:**

1. **Cook meat:** In a pan, heat oil over medium heat. Add ground meat, garlic, and ginger; cook until browned.
2. **Add paste:** Stir in doubanjiang and cook for another minute.
3. **Add tofu and broth:** Gently add tofu and broth; simmer for about 5 minutes.
4. **Serve:** Garnish with crushed Sichuan peppercorns and green onions before serving.

## Caribbean Callaloo

**Ingredients:**

- **1 bunch** callaloo (or spinach), chopped
- **1 onion**, chopped
- **2 cloves** garlic, minced
- **1 bell pepper**, chopped
- **1/2 cup** coconut milk
- **Salt and pepper to taste**
- **2 tbsp** vegetable oil

**Instructions:**

1. **Sauté vegetables:** In a pot, heat oil and sauté onion, garlic, and bell pepper until soft.
2. **Add callaloo:** Add chopped callaloo and cook until wilted.
3. **Add coconut milk:** Stir in coconut milk and season with salt and pepper. Simmer for about 5 minutes.
4. **Serve:** Serve warm as a side dish.

## Scottish Haggis

**Ingredients:**

- **1 lb** sheep's lungs (or beef), cleaned
- **1 lb** sheep's heart and liver, cleaned
- **1 onion**, chopped
- **1/2 cup** oatmeal
- **1 tsp** salt
- **1 tsp** pepper
- **1/2 tsp** nutmeg
- **1/2 tsp** cinnamon
- **1/2 cup** broth

**Instructions:**

1. **Cook offals:** Boil the lungs, heart, and liver in a pot of water for about 1-2 hours. Remove, chop finely, and save the broth.
2. **Sauté onion:** In a skillet, sauté onion until soft.
3. **Mix ingredients:** In a bowl, combine chopped offals, sautéed onion, oatmeal, salt, pepper, nutmeg, cinnamon, and enough broth to moisten.
4. **Cook haggis:** Stuff the mixture into a sheep's stomach or a casing, and simmer for 1-2 hours. Slice and serve with neeps and tatties (mashed turnips and potatoes).

## Brazilian Coxinha

**Ingredients:**

- **2 cups** shredded chicken
- **1 onion**, chopped
- **2 cups** chicken broth
- **2 cups** flour
- **2 tbsp** butter
- **Salt and pepper to taste**
- **Bread crumbs for coating**
- **Oil for frying**

**Instructions:**

1. **Make filling:** In a skillet, cook onion until soft, add chicken and some broth, and cook until flavorful.
2. **Prepare dough:** In a pot, melt butter, add flour, and cook for a minute. Slowly add broth, stirring until a dough forms.
3. **Shape coxinha:** Once dough is cool, take a small piece, flatten it, add a spoonful of filling, and shape into a teardrop.
4. **Fry:** Coat with bread crumbs and fry in hot oil until golden brown.

**Taiwanese Beef Noodle Soup**

**Ingredients:**

- **2 lbs** beef shank, cut into chunks
- **1 onion**, chopped
- **4 cloves** garlic, minced
- **2 tbsp** soy sauce
- **1 tbsp** rice wine
- **4 cups** beef broth
- **1 star anise**
- **2 green onions**, chopped
- **Noodles for serving**

**Instructions:**

1. **Brown beef:** In a pot, brown the beef shank in some oil.
2. **Add aromatics:** Add onion, garlic, soy sauce, and rice wine; cook for a few minutes.
3. **Add broth:** Pour in beef broth and add star anise. Simmer for 2 hours until beef is tender.
4. **Serve:** Cook noodles according to package instructions and serve soup over noodles, garnished with green onions.

## Indian Samosas with Chutney

**Ingredients:**

- **2 cups** potatoes, boiled and mashed
- **1/2 cup** peas, cooked
- **1 onion**, finely chopped
- **2 tsp** cumin seeds
- **1 tsp** garam masala
- **1 tsp** chili powder
- **Samosa wrappers**
- **Oil for frying**
- **Mint or tamarind chutney for serving**

**Instructions:**

1. **Prepare filling:** In a skillet, sauté onions and cumin seeds until golden. Add potatoes, peas, garam masala, chili powder, and mix well.
2. **Fill samosas:** Take a wrapper, fill with the mixture, and seal edges.
3. **Fry:** Heat oil in a pan and fry samosas until golden brown.
4. **Serve:** Serve hot with mint or tamarind chutney.

## Russian Blini with Caviar

**Ingredients:**

- **1 cup** buckwheat flour
- **1 cup** all-purpose flour
- **1 1/2 cups** milk
- **1 tsp** active dry yeast
- **2 eggs**
- **Salt to taste**
- **Caviar for topping**
- **Sour cream for serving**

**Instructions:**

1. **Make batter:** In a bowl, mix flours, milk, yeast, eggs, and salt until smooth. Let rise for 1 hour.
2. **Cook blini:** Heat a non-stick skillet and pour a small amount of batter, cooking until bubbles form on the surface. Flip and cook the other side.
3. **Serve:** Serve blini warm topped with caviar and a dollop of sour cream.

**Algerian Couscous**

**Ingredients:**

- **2 cups** couscous
- **2 cups** chicken or vegetable broth
- **1 lb** chicken, cut into pieces
- **1 onion**, chopped
- **2 carrots**, diced
- **1 zucchini**, diced
- **1 can** chickpeas, drained
- **1 tsp** cumin
- **1 tsp** paprika
- **Salt and pepper to taste**
- **Olive oil**

**Instructions:**

1. **Sauté chicken:** In a large pot, heat olive oil and brown the chicken pieces. Add onion and cook until soft.
2. **Add vegetables and spices:** Stir in carrots, zucchini, chickpeas, cumin, paprika, salt, and pepper.
3. **Add broth:** Pour in the broth and simmer until the chicken is cooked through (about 25-30 minutes).
4. **Prepare couscous:** In a bowl, pour the couscous and add the boiling broth. Cover and let sit for 5 minutes. Fluff with a fork.
5. **Serve:** Serve the chicken and vegetables over the couscous.

**Maltese Pastizzi**

**Ingredients:**

- **1 cup** ricotta cheese
- **1/2 cup** frozen peas, thawed
- **1 sheet** puff pastry
- **1 egg**, beaten (for egg wash)
- **Salt and pepper to taste**

**Instructions:**

1. **Preheat oven:** Preheat the oven to 400°F (200°C).
2. **Make filling:** In a bowl, combine ricotta, peas, salt, and pepper.
3. **Prepare pastry:** Roll out the puff pastry and cut into circles.
4. **Fill and seal:** Place a spoonful of the filling in the center of each circle, fold over, and seal the edges with a fork.
5. **Bake:** Brush with beaten egg and bake for 20-25 minutes until golden brown.

## Cambodian Amok

**Ingredients:**

- **1 lb** fish fillets (such as catfish or tilapia)
- **1 cup** coconut milk
- **2 tbsp** fish sauce
- **2 tbsp** red curry paste
- **1 tsp** sugar
- **Banana leaves** (for wrapping) or bowls
- **Fresh basil** for garnish

**Instructions:**

1. **Prepare fish:** Blend fish fillets until smooth. In a bowl, mix with coconut milk, fish sauce, curry paste, and sugar.
2. **Wrap or pour:** If using banana leaves, shape them into cups and fill with the mixture. Alternatively, pour into small bowls.
3. **Steam:** Place in a steamer and steam for 20-25 minutes until cooked through.
4. **Serve:** Garnish with fresh basil and serve with rice.

**Japanese Okonomiyaki**

**Ingredients:**

- **1 cup** all-purpose flour
- **1 cup** water
- **2 cups** cabbage, shredded
- **2 eggs**
- **1/2 cup** cooked meat (pork, shrimp, or chicken)
- **Okonomiyaki sauce**
- **Japanese mayonnaise**
- **Green onions and bonito flakes for garnish**

**Instructions:**

1. **Make batter:** In a bowl, mix flour, water, and eggs until smooth. Stir in cabbage and meat.
2. **Cook pancakes:** Heat a skillet over medium heat and pour a ladle of the mixture. Cook until bubbles form, then flip and cook until golden brown.
3. **Serve:** Drizzle with okonomiyaki sauce and mayonnaise, and garnish with green onions and bonito flakes.

**Nepalese Momo Dumplings**

**Ingredients:**

- **2 cups** all-purpose flour
- **1 lb** ground meat (chicken or pork)
- **1 onion**, finely chopped
- **1 tsp** ginger, minced
- **1 tsp** garlic, minced
- **Salt and pepper to taste**
- **Water for dough**

**Instructions:**

1. **Make dough:** In a bowl, mix flour with enough water to form a dough. Knead until smooth and let it rest.
2. **Prepare filling:** In another bowl, mix ground meat, onion, ginger, garlic, salt, and pepper.
3. **Shape momos:** Roll out small circles of dough, place a spoonful of filling in the center, and fold to seal.
4. **Steam:** Place in a steamer and cook for 15-20 minutes.
5. **Serve:** Serve hot with dipping sauce.

**Iranian Fesenjan**

**Ingredients:**

- **1 lb** chicken thighs
- **1 onion**, chopped
- **1 cup** walnuts, finely ground
- **1 cup** pomegranate molasses
- **2 cups** chicken broth
- **Salt and pepper to taste**
- **Olive oil**

**Instructions:**

1. **Sauté onion:** In a pot, heat olive oil and sauté the onion until golden.
2. **Brown chicken:** Add chicken thighs and brown on all sides.
3. **Add walnuts and broth:** Stir in ground walnuts, pomegranate molasses, and chicken broth. Simmer for about 30 minutes until chicken is cooked through.
4. **Serve:** Serve over rice.

## Belgian Waffles with Fruit

**Ingredients:**

- **2 cups** all-purpose flour
- **2 tbsp** sugar
- **1 tbsp** baking powder
- **1/2 tsp** salt
- **2 large eggs**
- **1 3/4 cups** milk
- **1/2 cup** melted butter
- **Fresh fruit (strawberries, blueberries, etc.)**
- **Whipped cream for serving**

**Instructions:**

1. **Preheat waffle maker:** Preheat your waffle maker according to manufacturer's instructions.
2. **Mix batter:** In a bowl, whisk together flour, sugar, baking powder, and salt. In another bowl, whisk eggs, milk, and melted butter. Combine wet and dry ingredients until just mixed.
3. **Cook waffles:** Pour batter into the preheated waffle maker and cook until golden brown.
4. **Serve:** Serve hot topped with fresh fruit and whipped cream.

## Guatemalan Pepián

**Ingredients:**

- **1 lb** chicken, cut into pieces
- **2 tomatoes**, roasted
- **1 onion**, chopped
- **1/2 cup** pumpkin seeds
- **2 cups** chicken broth
- **1 tsp** cumin
- **Salt and pepper to taste**
- **Rice for serving**

**Instructions:**

1. **Blend sauce:** In a blender, combine roasted tomatoes, onion, pumpkin seeds, cumin, salt, and pepper with a bit of broth until smooth.
2. **Cook chicken:** In a pot, cook the chicken pieces until browned.
3. **Add sauce and broth:** Pour the blended sauce over the chicken and add remaining broth. Simmer until chicken is cooked through (about 30 minutes).
4. **Serve:** Serve hot with rice.

**Indian Tandoori Chicken**

**Ingredients:**

- **1 lb** chicken pieces (legs or thighs)
- **1 cup** yogurt
- **2 tbsp** tandoori masala
- **1 tbsp** lemon juice
- **Salt to taste**
- **Cilantro for garnish**

**Instructions:**

1. **Marinate chicken:** In a bowl, combine yogurt, tandoori masala, lemon juice, and salt. Coat chicken pieces in the mixture and marinate for at least 1 hour (or overnight for best results).
2. **Preheat oven:** Preheat the oven to 400°F (200°C).
3. **Bake chicken:** Place chicken on a baking sheet and bake for 30-40 minutes, turning halfway through, until cooked through.
4. **Serve:** Garnish with fresh cilantro and serve with naan or rice.